이광연 글

성균관대학교에서는 박사를, 미국 와이오밍 주립대학교에서는 박사후과정을 마친 뒤 아이오와대학교에서 방문교수를 지냈어요. 지금은 한서대학교 수학과 교수로 있으며, 중·고등학교 수학 교과서 집필에 참여했지요. 역사, 신화, 영화 등 다양한 분야에서 수학 원리를 끌어내는 글과 강연을 통해 수학이 우리 생활과 밀접하게 맞닿아 있음을 알려 왔어요. 지은 책으로는 《미술관에 간 수학자》, 《웃기는 수학이지 뭐야!》, 《밥상에 오른 수학》, 《신화 속 수학 이야기》, 《수학자들의 전쟁》, 《멋진 세상을 만든 수학》, 《이광연의 수학 블로그》, 《비하인드 수학파일》, 《이광연의 오늘의 수학》, 《시네마 수학》, 《수학, 인문으로 수를 읽다》, 《수학, 세계사를 만나다》 등이 있어요.

최향숙 글

고등학교 때까지는 수학을 엄청나게 싫어했어요. 하지만 대학에 와서, 수학책을 펴 들었어요. 논리적이고 체계적인 사고를 하고 싶은데, 수학 공부가 도움이 될 거라고 생각했거든요. 그때부터 심심할 때 수학 문제를 풀었고, 그러면서 수학이 좋아졌어요. 이 경험을 어린이들과 나누고 싶어서 수학을 접목한 동화도 기획하고 《눈높이 수학 학습 동화》와 같은 책을 썼어요. 《황당하지만 수학입니다》에도 참여하게 되었지요. 수학 분야 외에 기획하고 쓴 책으로는 《엉뚱하지만 과학입니다》, 《넥스트 레벨》 등의 시리즈와 《우글 와글 미생물을 찾아봐》, 《탄소제로 특공대 지구 똥구멍을 막아라》와 같은 단행본이 있어요.

젠틀멜로우 그림

우리 주변에서 흔히 볼 수 있는 자연과 사물에 감정을 담아서 생각을 그림으로 표현하는 작업을 해 오고 있습니다. 동화책뿐 아니라 전시, 패키지, 책 표지, 포스터, 삽화 등 다양한 분야에서 활동하고 있어요. 그린 책으로는 《Ah! Art Once》, 《Ah! Physics Electrons GO GO GO!》, 《열세 살 말 공부》, 국립제주박물관 어린이박물관 도록 《안녕, 제주!》 등이 있습니다.

와이즈만 영재교육연구소 감수

창의 영재수학과 창의 영재과학 교재 및 프로그램을 개발했습니다. 구성주의 이론에 입각한 교수학습 이론과 창의성 이론 및 선진교육 이론 연구 등에도 전념하고 있습니다. 국내 최고의 사설 영재교육 기관인 와이즈만 영재교육에 교육 콘텐츠를 제공하고 교사 교육을 담당하고 있습니다.

황당하지만 수학입니다

⑩ 거인 밥그릇이 운동장만 하다고?

와이즈만 BOOKs

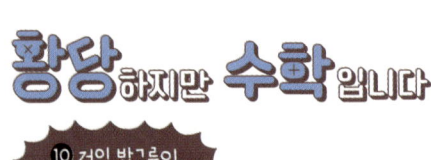

1판 1쇄 인쇄 2025년 9월 10일 | 1판 1쇄 발행 2025년 9월 30일

글 이광연 최향숙 | 그림 젠틀멜로우 | 감수 와이즈만 영재교육연구소
발행처 와이즈만 BOOKs | 발행인 염만숙 | 출판사업본부장 김현정 | 편집 김예지 양다운 이지웅
기획·진행 CASA LIBRO | 디자인 포맷 SALT&PEPPER Communications
디자인 퍼플페이퍼 | 마케팅 강윤현 백미영 장하라

출판등록 1998년 7월 23일 제1998-000170 | 제조국 대한민국
주소 서울특별시 서초구 남부순환로 2219 나노빌딩 5층
전화 마케팅 02-2033-8987 | 편집 02-2033-8928 | 팩스 02-3474-1411
전자우편 books@askwhy.co.kr | 홈페이지 mindalive.co.kr | 사용 연령 8세 이상
ISBN 979-11-994178-0-9 74410 979-11-90744-79-9(세트)

©2025, 이광연 최향숙 젠틀멜로우 CASA LIBRO
이 책의 저작권은 이광연, 최향숙, 젠틀멜로우, CASA LIBRO에게 있습니다.
저자와 출판사의 허락 없이 내용의 일부를 인용하거나 발췌하는 것을 금합니다.

잘못된 책은 구입처에서 바꿔 드립니다.

와이즈만 BOOKs는 (주)창의와탐구의 출판 브랜드입니다.
KC마크는 이 제품이 공통안전기준에 적합하였음을 의미합니다.

❿ 거인 밥그릇이 운동장만 하다고?

이광연·최향숙 글 | 젠틀멜로우 그림
와이즈만 영재교육연구소 감수

수학 좋아하니?

'수학' 하면 벌써 머릿속이 하얗게 되고 진땀부터 난다고?
그런데 잠깐 생각해 보자. 여러분이 좋아하는 게임을 할 때
무턱대고 한다고 좋은 점수를 얻기 힘들잖아.
나름의 전략과 전술이 필요한데
그건 여러분을 진땀 나게 하는 수학과 관련이 깊어.
우리는 수학에 둘러싸여 살아가지만 정작 이것들이 수학인지
알지 못할 뿐이지.

여러분 머릿속에 떠오르는 많은 생각과 궁금증에 대한 답이
모두 수학이 기본이라면 믿어져?
'설마 이것도 수학이야?'라는 생각이 들 정도로
수학은 우리 주변에서 우리와 함께 살고 있어.
우리가 수학에 조금만 더 다가가고 이해한다면
세상을 바라보는 시야를 넓힐 수 있어.

> 건축과 예술 속
> 수학을 알아볼까?

그래서 이 책에서는 수학을 이용하면 쉽게 이해되는
여러 가지를 살펴보려고 해.
《황당하지만 수학입니다》 1~5권은 이그노벨상 수상자들의 연구를
수와 연산, 패턴, 규칙성과 함수, 통계, 도형과 측정 다섯 분야로
나누어 알아봤지. 지금부터는 우리 주변의 흥미로운 주제를
황당하지만 재미있고 쉬운 수학 이야기로 풀어 보려고 해.

초등학생 친구들이 가장 흥미로워 하는 다섯 가지 주제를 뽑았지.
그 다섯 번째는 바로 '건축과 예술'이야. 진짜 속삭이는 건물이 있을까?
음악에도 수학이 들어 있을까? 수학자와 화가의 공통점은 무엇일까?……
우리가 매일 흥얼거리는 노래부터 유명한 건축물까지
마치 예술가가 된 듯 차근차근 살펴보면 수학으로 답을 찾을 수 있어.
어쩌면 여러분을 꼭 닮은 친구 '나'와 언제 어디서든 수학하는
'파이쌤'과 함께, 황당하지만 재미있고 쉬운 수학의 세계로 들어가 보자고.

차례

1 거인은 한 끼에
  얼마나 먹을까? ·· 9
  길이와 부피, 그런 관계였어? ····················· 13

2 우리 집 화장실
  위에서 벌어지는 일 ································· 17
  건축가가 수학을 이용하는 법 ··················· 21

3 네모난 차가 좋아? ······························· 25
  디자인에도 수학이? ································· 29

4 들쭉날쭉 실로폰 ··································· 33
  수학 만난 실로폰 ····································· 37

5 야구장에 갔다가 ····································· 41
  돔의 비결, 반구와 삼각형 ························· 45

6 앞에서 보면 삼각형 옆에서 보면 ·················· 49
　화가와 수학자 ··· 53

7 분수가 왜 여기서 나와? ······························· 57
　분수와 음악 ·· 61

8 미술관 옆 카페에서 ·· 65
　수학자와 화가의 공통점? ································· 69

9 속삭이는 회랑 ·· 73
　타원이 속삭여! ··· 77

10 영화에도 수학이? ·· 81
　영화의 수학적 비밀! ··· 85

　교과 연계가 궁금해요　　　　　　　　　89
　용어가 궁금해요　　　　　　　　　　　90
　이것도 수학이에요　　　　　　　　　　91

주인공이 궁금해요

파이 쌤

먹는 파이도 아니고 와이파이도 아닌 무한소수 원주율 파이(π)처럼 무한한 호기심을 가진 수학 덕후. 수학이 있는 곳이라면 어디든 언제라도 떠날 수 있도록 늘 작은 캐리어를 끌고 다닌다.

나

누가 봐도 우리 동네 최고의 참견쟁이. 호기심 가득, 실행력은 으뜸! 솔직히 수학은 잘 못한다.

1
거인은 한 끼에 얼마나 먹을까?

"망했다!"
독후감 쓰기 숙제를 해야 하는데
집에 읽을 만한 책이 없네.
이럴 땐 바로 파이쌤 집으로!

《걸리버 여행기》는 들어만 봤지
제대로 읽어 본 적이 없거든!
책을 읽기 시작한 나는 금세 이야기에 빠져들었어.
걸리버가 소인국에 잡혔을 때는
내 일처럼 큰일이다 싶었지.

그런데 읽다 보니 좀 이상해.
걸리버는 소인국 사람들과 살게 되었는데
소인국 사람들이 글쎄 걸리버에게 한 끼에
자기네 기준으로 1,728인분의 음식을 주는 거야.

걸리버는 소인국 사람들보다
몸집이 12배 크다고 했는데……
음식은 왜 1,728인분이나 주지?

"쌤, 작가가 수학은 영 못했나 봐요."
"아니, 《걸리버 여행기》의 작가 조너선 스위프트가 대단히 수학적인 사고를 하면서 소설을 쓴 거지."
나는 고개를 갸웃했지.
"이게 수학적이라고요?"
쌤은 당연하다는 듯 고개를 크게 끄덕였어.

《걸리버 여행기》는 주인공 걸리버가 항해하다,
소인국과 대인국 등을 표류하며 겪는 모험 이야기야.
그런데 걸리버가 소인국에 표류했을 때,
소인국 사람들이 걸리버에게 한 끼에
1,728인분의 식사를 주어야 한다는 이야기가 나와.

키가 12배 크다면 식사량은 얼마나 차이 날까? 소인국 수학자들은 **길이와 부피의 관계**에서 그 답을 찾았어. 식사량은 위의 크기로 정해진다고 생각한 거야. 위의 크기는 '부피'니까! 우리도 소인국 수학자처럼 한번 따져 볼까?

(정육면체의 부피)=
(가로의 길이)×(세로의 길이)×(높이)
기억하지?

(한 모서리의 길이가 1센티미터인 정육면체의 부피)
= 1 × 1 × 1 = 1㎤

(한 모서리의 길이가 2센티미터인 정육면체의 부피)
= 2 × 2 × 2 = 8㎤

정육면체 부피의 비는 (1×1×1):(2×2×2)=1:8인 거야. 이처럼 **일반적으로 길이의 비가 a:b이면 부피의 비는 a³: b³**((a×a×a):(b×b×b)=a³:b³)이야.
그래서 소인국 수학자들은 이렇게 계산했지.

동화나 소설과 같은 문학 작품은
독자들이 이야기를 읽으면서
작가의 상상을 현실처럼 느끼게 만드는 예술이야.
그런 예술에 수학이 등장하면
이야기가 더 그럴듯하게 느껴지지.
그래서 많은 동화 작가와 소설가들이 자신의
이야기를 전개할 때, 수학을 이용하고 있어.

2
우리 집 화장실 위에서 벌어지는 일

밤에, 환하게 불이 켜진 집들의
안이 보일 때가 있지?
커튼이나 블라인드를 안 친 집들 말이야.

그날 밤, 침대에 누운 나는 이런 생각이 들었어.
"2~3미터 위에 있는 바닥에도
내 방처럼 침대가 놓여 있고, 그 위에 누군가 자고 있을까?"
저녁 준비에 바쁜 엄마를 보면서도 이런 생각이 들었어.
"위층에도 바로 저 위에
부엌이 있을 텐데……."

급기야 이런 생각까지 들었어.
"내가 화장실에서 똥을 누고 있을 때……."
위층에서도 누군가 똥을 누고 있다면,
그 똥이 내 머리를 향해 떨어지고 있는 거 아냐!

"아, 진짜! 이제 화장실 변기에 앉기가 무서워요!"
내 말에 파이쌤이 킥킥 웃으셨어.
"아파트에 살면 그런 생각이 들 수 있지!
아파트는 층마다 구조가 같으니까."
나는 불만 가득한 표정으로 물었지.
"도대체 왜 아파트를 이렇게 만든 거죠?"
"르코르뷔지에한테 물어봐."
"그게 누군데요?"

파이쌤이 알려 주마

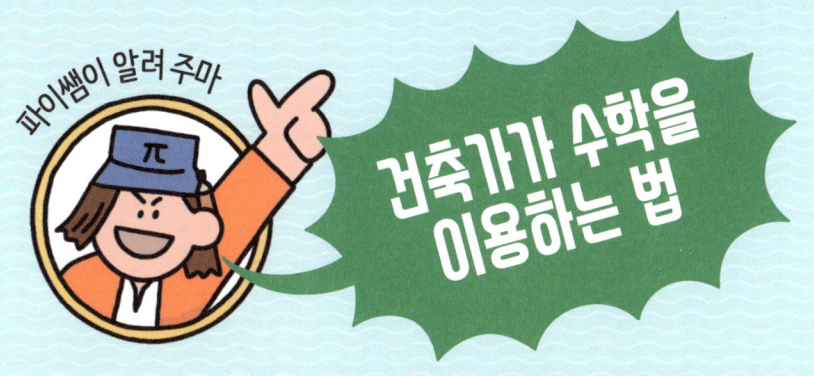

건축가가 수학을 이용하는 법

제2차 세계 대전 이후, 많은 사람이 도시로 몰려들었어.
도시에는 주거난이 심각해졌지.
20세기 최고의 건축가 가운데 하나로 꼽히는
르코르뷔지에(1887~1965년)는 이에 대한 해결책으로
작은 땅에 많은 사람이 살 수 있는 주거 공간을 제시했어.
오늘날과 같은 아파트 형태의 공동 주택을 만들기 시작한 거야.

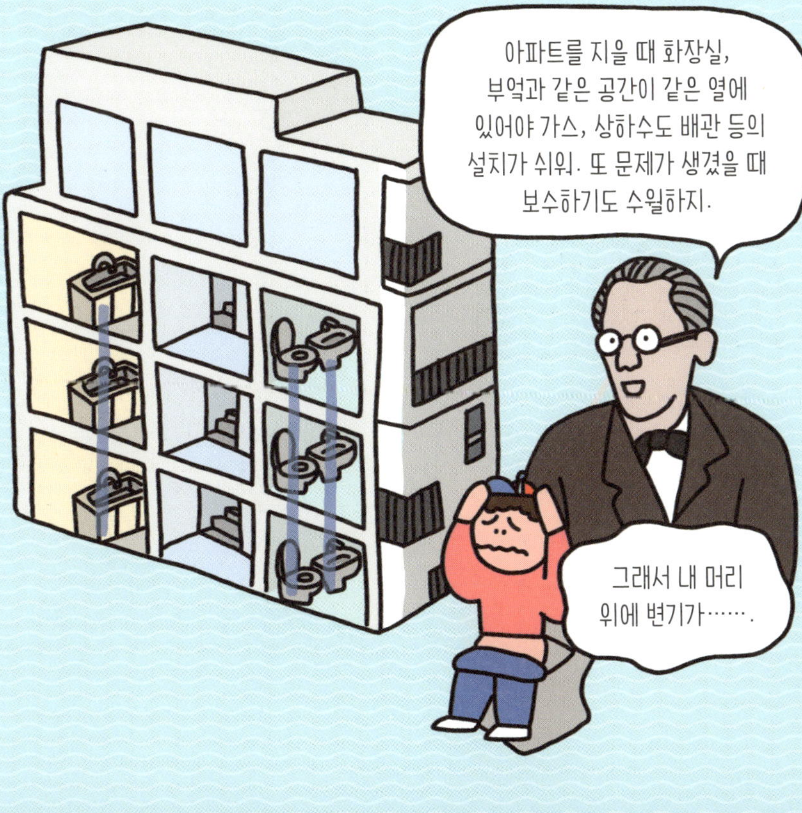
아파트를 지을 때 화장실, 부엌과 같은 공간이 같은 열에 있어야 가스, 상하수도 배관 등의 설치가 쉬워. 또 문제가 생겼을 때 보수하기도 수월하지.
그래서 내 머리 위에 변기가…….

르코르뷔지에는 또한 *모듈 시스템을 제안했어.
건축물에 필요한 표준화된 단위, 즉 모듈을 만들어 건축물을
편리하게 조합하고 확장할 수 있는 기준을 마련한 거야.
레고 블록을 맞추듯, 건축물을 지으려고 했던 거지.
르코르뷔지에는 183센티미터 키를 기준으로
황금비를 적용해, 모듈을 제안했어.

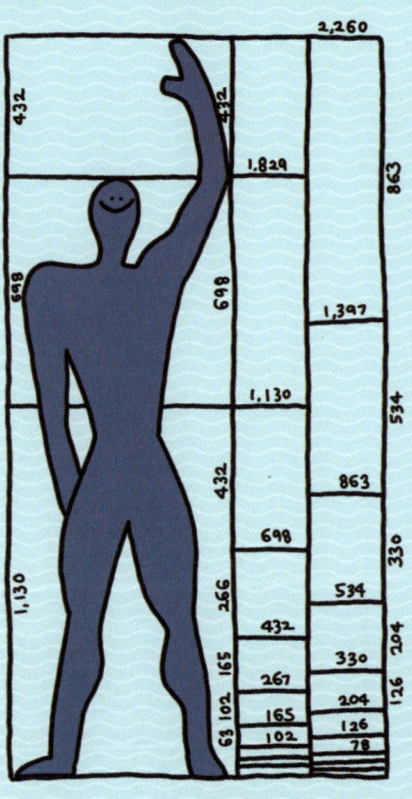

황금비는 약 1 : 1.6180이야.
이 그림에서 배꼽 높이 113센티미터와
키 183센티미터는 황금비에 가까워.
다른 부분들 역시
이런 황금비에 가깝지.

*책 마지막 장에서 더 자세한 정보를 확인해 보세요.

당시 많은 사람이 **황금비**가 적용된 건축물이나
예술 작품들이 아름답게 보인다고 생각했어.
실제로는 그렇지 않았는데도,
고대 그리스의 건축가나 다빈치와 같은 화가들이
황금비를 이용해 작품을 남겼다고 여겼을 정도였지.
르코르뷔지에 역시 아름다운 건축물을 짓고 싶었어.
그래서 모듈 시스템에 황금비를 적용한 거야.

대부분의 건축가가 아파트 천장은 230센티미터 정도로,
난간 높이는 120센티미터 정도로 지어.
이건 르코르뷔지에의 모듈 시스템을 이용하기 때문이야.
르코르뷔지에 덕분에 건축물을 짓는 기준이 마련된 거야.

르코르뷔지에는 효율적인 건축물을 지으려 했어.
더 많은 사람이 쾌적하고 편리하게 살 수 있는
건축물 말이야.
그 고민의 결과가 오늘날과 같은 아파트 단지지.
하지만 동시에 그는 아름다운 건물을 만들려고 했어.
건물은 사람이 사는 공간이니까!
그래서 그는 '황금비'를 이용해 모듈 시스템을 만들었지.
수학을 통해 아름다운 공간을 창조하려고 한 거야.
그래서 많은 이들이 르코르뷔지에를
20세기를 대표하는 건축가로 꼽는 걸 거야.

3
네모난 차가 좋아?

이모가 새 차를 타고 왔어.
"와! 이모 차 샀어?"
이모가 고개를 끄덕였어.
"응! 어때?"

"차 산 기념으로 내가 점심 사 줄게!"
이모 말이 끝나기도 전에, 나는 냉큼 차에 올라탔어.
"그래? 새 차도 타고 점심도 얻어먹고, 좋지!"
이렇게 말하며 차에 올라탄 엄마는
못마땅한 목소리로 말했어.
"어머! 차 천장이 왜 이렇게 낮아?"
이모가 지지 않고 말했지.
"언니 앉은키가 너무 커서 그래."

나는 창문 밖을 내다봤어.
엄마와 이모가 티격태격 말싸움을 하기 시작했거든.
그런데 문득 이런 생각이 드는 거야.
'차 지붕을 네모나게 만들면 엄마 머리가
차 천장에 안 닿았을 텐데…….'
그러자 당장 갈 곳이 생각났지.
"이모, 나 내릴래!"

나는 파이쌤 댁으로 달려갔지.
꼭 물어보고 싶은 게 생겼거든.
"쌤, 자동차를 네모지게 만들면 내부가 더 넓어져서
좋을 텐데요. 왜 자동차는 대부분 둥근 모양일까요?"
내 말에 쌤이 되물었어.
"자동차만 그런가? 기차도, 비행기도, 배도……
거의 둥근 형태로 디자인되어 있지."

파이쌤이 알려 주마

디자인에도 수학이?

초기의 자동차들은 **네모난 형태**가 많았다고 해.
마차를 타던 사람들이 마차처럼 만들었기 때문이기도 하고
사람들이 생각하기에 네모나고 각진 형태가
점잖고 위엄 있어 보였기 때문이기도 해.

 1900년

 1905년

 1910년

 1925년

 1934년

 1945년

자동차에 점점 둥글둥글 곡선이 많아져요!

성능이 향상되면서 자동차의 속도가 빨라졌어.
그러자 자동차가 달릴 때 **공기 *저항**이 커졌지.
공기 저항이 크면 우선 소음이 심해져.
또 자동차가 마구 흔들리기도 해.
그러면 안정적으로 달리기도 힘들고,
연료는 더 많이 소비하게 돼.
그래서 **자동차에 곡선을 넣기 시작**한 거야.

더 나아가 자동차 디자이너들은
자동차에 맞는 '유선형'을 찾으려고 했어.
유선형이란 **물체가 공기나 물속에서 운동할 때 저항을 가장 적게 받는 곡선의 형태**를 말해.
이를 찾기 위해 자동차 디자이너들은
최적의 곡선을 그려 내는 방정식을 찾고
방정식상의 곡선이 가장 적절한지 실험을 하지.

디자인은 어떤 대상에
기능성과 아름다움을 함께 불어넣는 일이야.
우리가 쓰는 지우개와 연필 같은 학용품부터
옷이나 신발 같은 생활용품,
컴퓨터나 스마트폰 같은 전자제품까지
디자인이 들어가지 않은 것은 없어.
이처럼 **기능성과 아름다움을 동시에 갖추기 위해서는 수학이 필요해.**
자동차 디자인에 수학이 쓰이는 이유도 그 때문이지!

4
들쭉날쭉 실로폰

피아노 학원 앞을 지날 때마다 난 쏜살처럼 지나가.
학원을 딱 한 달 다니고 그만뒀거든.
쌤 보기가 괜히 미안했어.
그런데 오늘은……!

쌤은 웃으며 내게 작은 상자 하나를 내밀었어.
"이거 가져가!
피아노는 어려워도 이건 *DIY라 쉬울 거야."

실로폰 조립은 어렵지 않았어.
내 친구 우주도 눈 감고 하겠더라고.
그런데! 다 조립한 실로폰을 쳐 보니……!

나는 실로폰을 갖고 파이쌤께 달려갔지.
"쌤 들어 보세요!"
나는 쌤 앞에서 실로폰 건반을 순서대로 쳤어.
"도레미파솔? 소리가 맞아요?"
고개를 갸웃하던 쌤은 그제야 내 실로폰을 보셨어.
"실로폰 속 수학 규칙을 완전히 파괴했구나!"
쌤은 허탈하게 웃으셨어.
"제가요?"

수학 만난 실로폰

소리는 공기의 진동을 우리 귀로 느끼는 거야.
무언가 **떨렸을 때, 즉 진동했을 때**
그 진동이 주변의 공기를 진동시켜 우리 귀로 들어오는 거지.
음이 높을수록 진동수도 커져.
같은 시간에 더 많이 떠는 거지.

낮은 도를 쳤을 때와 높은 도를 쳤을 때 진동하는 공기

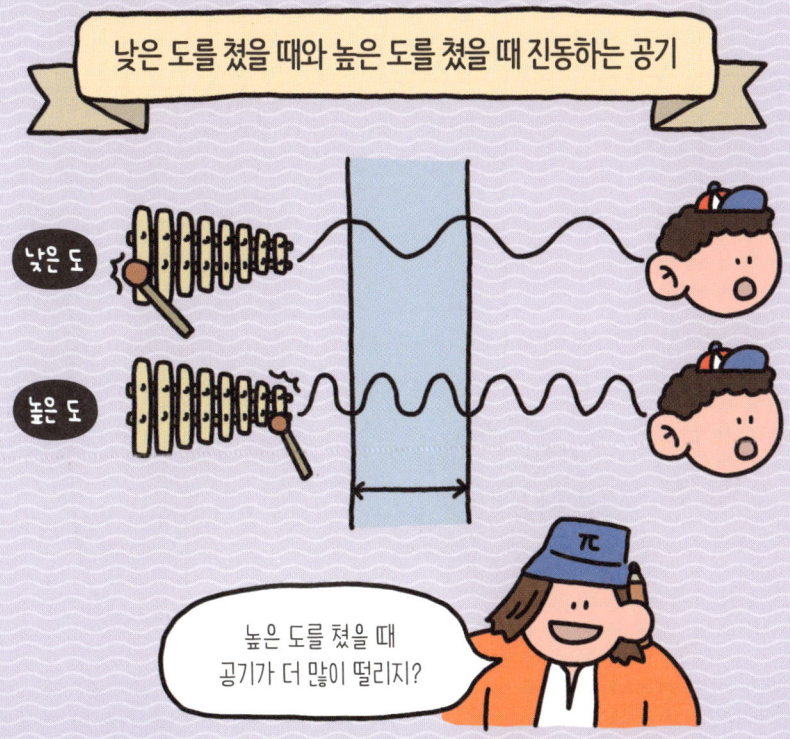

그런데 이런 떨림에는 수학적 규칙이 있어.
이를 처음 알아낸 사람은
고대 그리스의 수학자 피타고라스였어.

피타고라스는 또 다른 수학적 규칙도 알아냈어.

6과 9킬로그램의 추가 달린 줄을 동시에 튕기거나, 9와 12킬로그램의 추가 달린 줄을 동시에 튕기면 정말 듣기 좋은 소리가 나는구나!

피타고라스는 추의 무게가 이처럼 간단한 정수비를 이룰 때 아름다운 소리, 즉 *협화음이 난다는 것을 알아낸 거야.

9 : 12 = 3 : 4 완전 4도
6 : 9 = 2 : 3   완전 5도

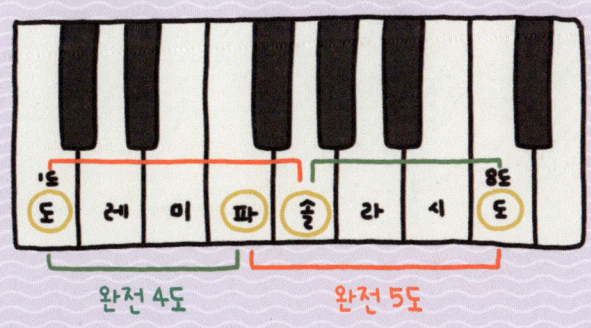

추의 무게 대신 줄의 길이를 달리하거나
막대의 길이를 달리해도 결과는 같았어.
그래서 사람들은 피타고라스가 알아낸 **비율을 이용해**
줄을 팅기고 막대를 쳐서 소리를 내는 **악기를 만들었어.**
그런데 실로폰의 낮은 도와 높은 도 막대 길이는
아무리 봐도 2배 차이가 나 보이지 않는다고?
그건 소리가 막대 길이뿐만 아니라
막대의 소재, 울림통의 성질에 따라 달라지기 때문이야.
악기마다 수학 규칙이 꽤 복잡하게 들어가 있지?

5
야구장에 갔다가

"오늘은 김영웅 선수가 있는 팀이 분명 이길 거예요!"
"무슨 소리! 나빠른 선수가 있는 팀이 승리할 거야!"
야구장에 가기로 한 파이쌤과 나는 내기를 하기로 했어.

야구가 시작되자마자
나도 쌤도 옆자리 사람들도 함성을 지르고 박수를 쳤어.
그런데 잠시 뒤, 나는 야구 경기보다 다른 데
눈길이 가기 시작했어.

"돔 구장은 처음 온 거구나!"
내 모습을 본 쌤도 야구장 천장을 올려다보셨어.
"돔 구장이요?"

이 야구장처럼, 천장을 둥글게,
반구 형태로 만든 천장을
'돔'이라고 해.

"돔 형태의 천장은 아주 오래전부터
우리나라는 물론 유럽과 중앙아시아의
많은 나라에서 만들어졌어.
오늘날에도 많은 건물에 적용하고 있지."
나는 너무나 자연스럽게 물었어.
"왜요?"
쌤도 너무나 자연스럽게 대답했지.
"멋있잖아!"

돔(Dome)은 반구형으로 된 지붕이나 천장을 말해. 야구장과 같은 스포츠 경기장, 가톨릭 성당, 이슬람 사원, 또 천문대나 오페라 하우스와 같은 건축물에서 자주 볼 수 있어. 이런 건축물들은 어쩐지 아름답고 특별해 보이지? 하지만 돔 형태로 짓는 게 꼭 이 때문만은 아니야.

*판테온의 이 지붕이 얼마나 든든한데! 2000년이 넘는 세월 동안 지진, 홍수, 전쟁에도 끄떡없었다고!

돔 형태의 지붕을 얹은 건물이 튼튼한 까닭은
반구가 가지는 도형적 특성 때문이야.
반구는 원이 아래에서부터 위로
점점 작아지면서 쌓이는 형태야.
따라서 위쪽의 무게를 아래쪽에서 안정적으로 지탱할 수 있어.

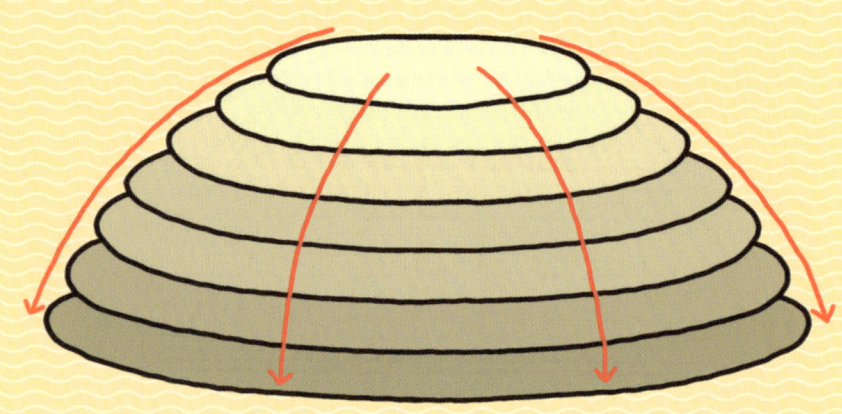

 안정적인 형태:
위가 좁고 바닥이 넓어서 힘이
가해져도 쉽게 넘어지지 않아.

 불안정한 형태:
위가 넓고 바닥이 좁아서
힘이 가해지면 쉽게 넘어져.

또한 반구는 곡면의 맨 꼭대기,
즉 정점에서 바닥까지 닿는 모든 곡선의 길이가 같아.
모든 힘이 똑같이, 고르게 분산될 수 있는 거야.
그래서 돔은 아래에 **기둥을 설치하지 않아도
형태를 오래 유지**할 수 있어.

이런 돔 형태의 천장은 수평과 수직으로 힘을 안정적으로 분산해, 기둥으로 떠받칠 필요가 없어.

지붕을 받치기 위한 기둥을 세울 필요가 없으면
실내는 그만큼 **넓어져.**
또 어디서 보든, 기둥으로 **가려져 안 보이는 곳이 없지.**
그래서 야구장 같은 스포츠 시설,
오페라 하우스나 공연장, 전시장과 같은 시설에
돔을 많이 이용하는 거야.

6
앞에서 보면 삼각형
옆에서 보면

우리 동네에서 한 30분쯤 떨어진 곳에
아주 멋진 공원이 있어. 친구들과 종종 가곤 해.
오늘도 그 앞을
지나는데…….

공원 전시회

공원에서 새로운
조각 작품을 전시하네!

공짜로 조각 작품을
구경할 수 있겠다!

그러네, 보자!

우리는 공원을 돌아다니며
이 작품 저 작품 구경을 했어.
기다란 벤치 같은 조각상은 앉을 수도 있다고 해서
거기 앉아 사진도 찍고,
엄마와 아기 조각상 옆에서는 한 식구처럼 나란히 서서
사진을 찍었지.
그러다 이상한 조각상을 하나 발견했지 뭐야.

우리는 그 조각상 가까이 가 보았어.
아, 그런데! 가까이서 보니…….

조각상은 보는 위치에 따라 모양이 바뀌었어!

"어떻게 그런 조각상을 만들 수 있죠?"
우리는 당장 파이쌤을 찾아가 여쭤봤지.
쌤은 알겠다는 듯 고개를 끄덕였어.
"펜로즈 삼각형을 이용한 모양이구나!"
"펜로즈 삼각형?"
우리가 약속이나 한 듯 고개를 갸웃하자,
쌤이 말씀을 이었어.
"펜로즈 삼각형은 화가들에게 큰 영향을 줬지."

펜로즈 삼각형은 1934년 스웨덴의 젊은 화가
오스카르 레우테르스베르드(1915~2002)가 처음 썼다고 해.
하지만 널리 알려진 건,
영국의 수학자 로저 펜로즈(1931~)가
1958년 '불가능한 도형'을 주제로 논문을 발표하면서부터야.

이 도형들은 입체도형인 것 같지만,
*3차원의 입체로는 존재할 수 없어.

오직 평면에서만 그릴 수 있지.

[펜로즈 삼각형 그리는 법]

① 기본 삼각형 그리기:
자를 사용하여 정삼각형을 그려.

② 안쪽 선 그리기:
각 꼭짓점에서 2센티미터 떨어진 지점에
점을 찍고, 이 점들을 연결하여
안쪽 삼각형을 만들어.

③ 내부 선 추가:
안쪽 삼각형의 각 꼭짓점에서
1.5센티미터 안쪽으로 점을 찍고,
②와 같은 방법으로 점을 연결하여
또 다른 삼각형을 만들어.

④ 굵은 선 그리기:
바깥쪽 선을 굵게 그리고,
보조선을 지워.

이처럼 **수학은 예술가들에게 영감**을 주고
예술가들은 이를 바탕으로 걸작을 만들어내기도 해.
작품을 통해 예술가들은 질문하지.
"우리는 올라가는 걸까요? 내려가는 걸까요?"
그 질문에 대해 수학자들은 연구로 답해.
"우리가 사는 3차원에서는 존재할 수 없지만,
한 5차원쯤 되는 공간에서는 펜로즈 삼각형이나
펜로즈의 계단도 존재할 수 있을지 몰라요.
그 공간에서라면
우리가 올라가는지 내려가는지 알 수 있을지 모르죠!"

7
분수가 왜 여기서 나와?

선생님의 지휘에 맞춰,
아이들이 한목소리로 노래하는 음악 시간!
지휘를 하던 선생님이 자꾸 내 쪽을 쳐다보시는 거야.
불안하게!

"우주야, 너 뭐 하는 거니!"
선생님이 우주를 보며 소리쳤어.
우주는 그제야 천천히 고개를 들었어.
"쌤, 제가 놀라운 걸 발견했어요."
우주의 말에 선생님은 눈만 깜빡였어.

"이건 분수가 아니라, 박자를 나타내는 거잖아.
4분의 4박자!"
이번엔 우주가 눈만 깜빡였어.
"한 마디 안에 4분음표가 4개 있다는 뜻이야!"
"4분음표요?"
선생님은 한숨을 쉬며 칠판에 음표를 그렸어.

"그래서 우주 때문에 음악 시간에 노래를
못 불렀다는 거야?"
파이쌤의 질문에 나는 고개를 끄덕이며 여쭤봤지.
"그런데 우주 말이 맞았다고요!
진짜로 4분음표가 2개뿐이었다고요!"
나는 바로 음악책을 꺼내, 악보를 보여 드렸어.
악보를 본 쌤은 고개를 절레절레 저었어.
"여기, 8분음표랑 8분쉼표 안 보여?"

분수와 음악

음악에서는 4분의 4박자, 4분의 3박자와 같은 박자를 분수로 표시해.
여기서 분모는 어떤 음표를 1박으로 칠지를 보여 주고 분자는 한 마디에 몇 박자가 들어가는지를 알려 줘.
4분의 4박자는
그래서 한 마디에 4분음표가 4개 들어간다는 뜻인 거야.

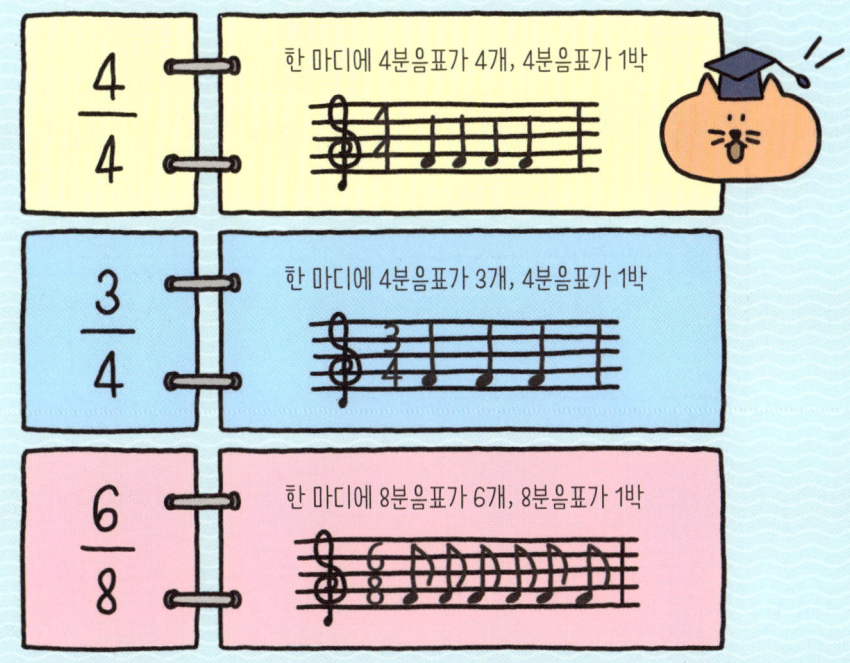

그런데 음표에는 4분음표나 8분음표만 있는 게 아니야. 2분음표, 16분음표 등 다른 음표도 있지. **각 음표의 길이를 알아야 박자를 제대로** 따질 수 있어.

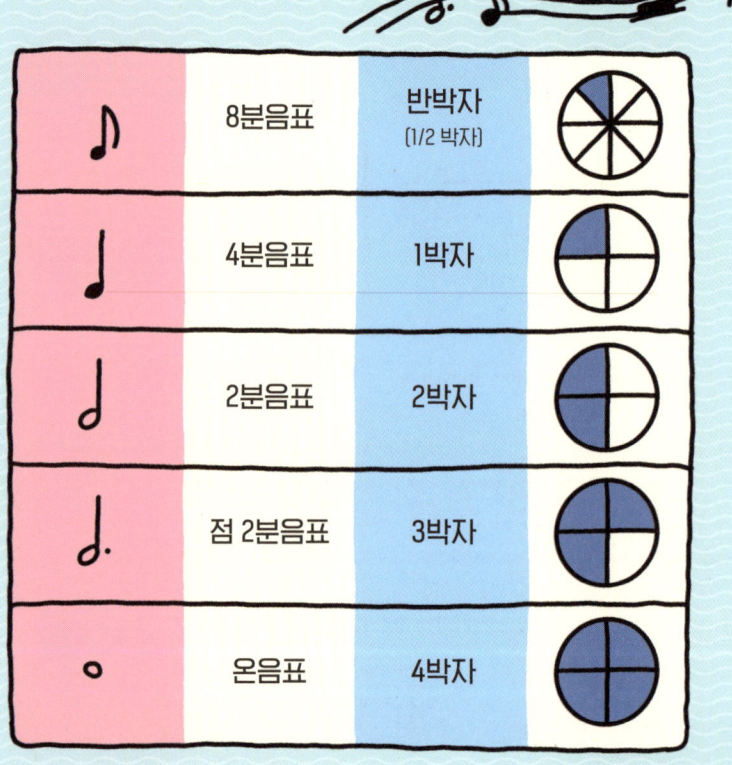

4분음표는 온음표를 기준으로 $\frac{1}{4}$ 길이라서 4분음표야.

2분음표는 온음표를 기준으로 $\frac{1}{2}$ 길이라서 2분음표고!

아래 마디는 모두 4분의 4박자야.

$\frac{1}{4} + \frac{1}{4} + \frac{1}{4} + \frac{1}{4}$
$= \frac{4}{4}$

$\frac{1}{4} + \frac{1}{4} + \frac{1}{4} + \boxed{\frac{1}{8} + \frac{1}{8}} \dashrightarrow \frac{2}{8}$
$= \frac{1}{4} + \frac{1}{4} + \frac{1}{4} + \boxed{\frac{1}{4}}$
$= \frac{4}{4}$

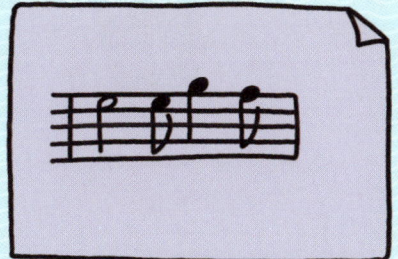

$\frac{1}{2} + \frac{1}{8} + \frac{1}{4} + \frac{1}{8}$
$= \frac{1}{2} + \frac{1}{4} + \frac{1}{8} + \frac{1}{8}$
$= \boxed{\frac{1}{2}} + \frac{1}{4} + \frac{1}{4} \dashrightarrow \frac{2}{4}$
$= \frac{2}{4} + \frac{2}{4} = \frac{4}{4}$

분수의 덧셈을 알아야, 박자가 맞는지 알 수 있구나!

음표뿐만 아니라 쉼표도 알아야 해.
쉼표도 음표와 같은 구조로 만들어져 있어.

8
미술관 옆 카페에서

"그리스 로마 신화라면 꼭 보고 싶어요!"
나는 전시회를 가자고 파이쌤을 졸랐어.
쌤과 나 둘 다 신나서 새 옷도 입었지.

그림을 다 본 우리는 미술관 옆 카페에 갔어.
쌤이 시원한 음료를 사 주신다고 했거든.
멋진 그림도 보고 레모네이드까지 마신 나는
기분이 아주 좋았지.
그때 카페 벽에 걸린 그림이 눈에 띄었어.

"왜 선과 동그라미, 세모, 네모로만 그림을 그려요?"
내 질문에 쌤이 되물었어.
"그렇게 그리면 안 돼?"
"안 된다기보다…… 사람이나 자연을 그리는 게…….'
나는 말을 끝맺지 못했지.

"예술이란 아름다움을 표현하고 창조하는 행위야.
동시에 자신의 감정이나 생각을 표현하고
다른 사람들에게 전달하는 활동이기도 해."
끄덕이기는 했지만, 사실 무슨 말인지 몰랐어.
그런데 쌤이 이렇게 물으셨어.
"선이나 도형으로 아름다움을 창조하고
감정을 표현할 수 없는 걸까?"
나는 안 되는 이유를 생각해 보려 했는데
아무리 생각해도 안 될 이유는 없는 것 같았어!

파이쌤이 알려 주마 — 수학자와 화가의 공통점?

추상화는 사물을 사실적이고 구체적으로 표현하지 않아.
사람을 하나의 선으로, 태양을 빨강 동그라미로
표현하는 식이야.
어떤 추상 화가는 혼란스러운 사회 상황을
복잡하고 어지럽게 흐트러져 있는 면들로 표현하지.
또 어떤 추상 화가들은 자신의 마음을
검은색이나 파란색, 또는 하얀색으로만 나타내기도 해.
추상화는 이처럼 점과 선, 면 그리고 색으로 표현돼.

생각해 봐! 이 세상 모든 건
점과 선, 면으로 이루어진 거 아냐?
거기에 색만 더해지면
표현할 수 없는 게 없어!

그런데 수학자들도 추상 화가들과 같은 사고를 통해 수학의 개념들을 정리해 내.
예를 들어, 수학에서 삼각형이라는 개념은 이렇게 만들어져.
비슷한 형태들에서 공통된 특징을 찾아 정의하는 거지.

이처럼 추상을 다루는 화가와 수학자는
사물이나 현상에서 구체적인 것을 걸어 내고 본질적인 것을 찾는다는 점에서 많이 닮았어.
그래서일까? 추상 화가들은 수학적 요소를 많이 이용해.
우선 점, 선, 면과 같은 것이 다 수학적 요소잖아?
면도 삼각형, 사각형, 원 등 모양에 따라 느낌이 달라.
삐쭉삐쭉 삼각형, 평평한 사각형, 둥글둥글 동그라미
이런 말들을 통해 우리 마음속에는
각 도형의 이미지가 형성돼.
화가들은 이런 이미지를 그림에 이용하는 거야!

수학은 항상 정답이 있어.
그래서 수학자들은 아직 모르는 답을 찾기 위해 노력하지.
예술은 정답이 없지.
내가 그리는 것, 내 마음대로 표현하는 것이 정답이고
내가 느끼고 감동하면 좋은 작품이 돼.
그런데 만약 수학에 정답이 없었다면
화가들이 수학적 요소를 이용해 작품을 만들 수 있었을까?
수학자들이 수학적 요소들의 개념을 정확히 정리해 놓은 덕분에
그것을 우리가 어렴풋이나마 이해하고 있고,
화가들이 그려놓은 추상적 그림도 이해할 수 있는 거야.

9
속삭이는 회랑

"얘들아! 내가 말하는 건물을 봤어!"
가족 여행을 다녀온 우주가 만나자마자 이러는 거야!
"참! 건물이 어떻게 말하냐?"
나는 물론 아영이도 들은 척을 안 했어.

"진짜로 말하는 건물이 있다니까?
속삭이는 회랑이라고……."
"회랑? 그게 뭔데?"
내가 퉁명스레 묻자 우주가 대답했어.
"지붕이 달린 복도야!"
아, 진짜! 우주는 포기할 줄 모른다니까.
"건물이 어떻게 말을 하냐?"
우주가 교실 벽면에 바짝 붙은 채 말했어.

나는 아영이를 향해 소리쳤어.
"아영아, 우주가 뭐라고 했는지 들었어?"
아영이는 뜬금없다는 표정을 지었지.
"뭐?"
나는 우주를 보며 놀리듯 말했어.
"못 들었다는데!"
우주가 억울한 듯 소리쳤어.
"네가 못 가 봐서 그래. 그 건물에서는 들린다고!"

"우주는 진짜 허풍쟁이예요!
말하는 건물? 도대체 말이 돼요?"
내 말에 파이쌤이 활짝 웃으셨어.
"그런 건물이 진짜 있어. 속삭이는 회랑이라고 부르지."
내가 눈을 똥그랗게 뜨자 쌤이 말을 이으셨어.
"런던의 세인트 폴 대성당이나
뉴욕의 그랜드 센트럴이 그렇게 속삭인다니까!"

영국 런던의 세인트 폴 대성당과
미국 뉴욕의 그랜드 센트럴은
속삭이는 회랑으로 유명해.

세인트 폴 대성당

그랜드 센트럴

뭔가 공통점이 있는 게 분명해!

이 건물들의 공통점은 건축가들이 **타원의 수학적 원리를 활용**하여 **소리의 전달을 극대화하는 구조를 설계했다**는 점이야. 타원이란 두 초점으로부터 거리의 합이 일정한 점들의 집합이야.

두 초점에 끈을 고정한 뒤 연필을 끈에 걸어 궤적을 그으면, 쉽게 타원을 그릴 수 있어!

이런 특성 때문에 건축물을 타원 형태로 지으면
한 초점에서 발생한 소리가 다른 초점에 모일 수 있고,
이 원리에 의해 속삭이는 화랑이 탄생하는 거야.

속삭이는 회랑은 **타원형의 구조**뿐만 아니라
원형의 구조로도 만들 수 있다고 해.
원형일 때 소리는 원의 둘레,
즉 원주를 타고 전파된다고 하지.
그런데 이렇게 건물을 속삭이게 지으려면
돌이나 타일, 금속과 같은 재질로 표면을 매끄럽게 만들어야 해.
그런 재료와 매끄러운 표면이 소리를 잘 전달하거든.

10
영화에도 수학이?

"얘들아, 공룡 나오는 영화가 개봉한대."
나는 우주의 공룡이라는 말에 귀가 솔깃했어.
아영이도 마찬가지였지.
누가 먼저랄 것도 없이 우리는 함께 소리쳤어.
"우리, 보러 가자!"

영화는 정말 멋졌어!
멸종한 공룡이 진짜 눈앞에 있는 줄 알았다니까!

영화를 보면서 내가 감탄할 때마다
우주는 똑같은 말을 되풀이했어.
"저게 다 컴퓨터 그래픽이라니까!"
영화관을 나오며 나는 따지듯 물었지.
"그러니까 컴퓨터 그래픽이 뭐냐고!"

아영이 말처럼 우리는 쌤께 갔어.
"쌤, 컴퓨터 그래픽이 뭐예요?"
쌤의 대답은 너무 간단했어.
"컴퓨터를 이용해 그림을 그리는 거야!"
여기서 끝은 아니었지만.
"컴퓨터 그래픽을 이용하면
어떤 그림이든 진짜처럼 만들어 낼 수 있어.
또 동영상과 영화도 만들 수 있지!"

영화의 수학적 비밀

컴퓨터 그래픽은 **컴퓨터를 통해 이미지를 만들고 조작하는 방법**을 말해.
많은 영화가 컴퓨터 그래픽을 이용해 상상의 세계를 그려 내.
또 현실의 세계를 더욱 멋지고 그럴듯하게 보여 주기도 하지.
이때 수학이 이용돼. 대표적인 게 삼각형의 합동이야.

동물들이 주인공으로 등장하는 영화, 만화 영화 등에서는 삼각형의 합동을 이용해 동물과 만화 주인공의 움직임을 실제처럼 구현해.

삼각형의 합동을 이용하면
행동은 물론 얼굴 표정과 같은 섬세한 움직임도
진짜처럼 구현할 수 있어.

연기자 얼굴의 특정 부위에 점을 찍고,
그 점을 이은 여러 가지 삼각형을 그려.
이 점과 삼각형을 동물의 얼굴로 옮긴 다음
삼각형이 계속 합동을 이루도록 컴퓨터를 작동시켜.
그러면 동물의 표정에 연기자의 표정이 입혀지지.

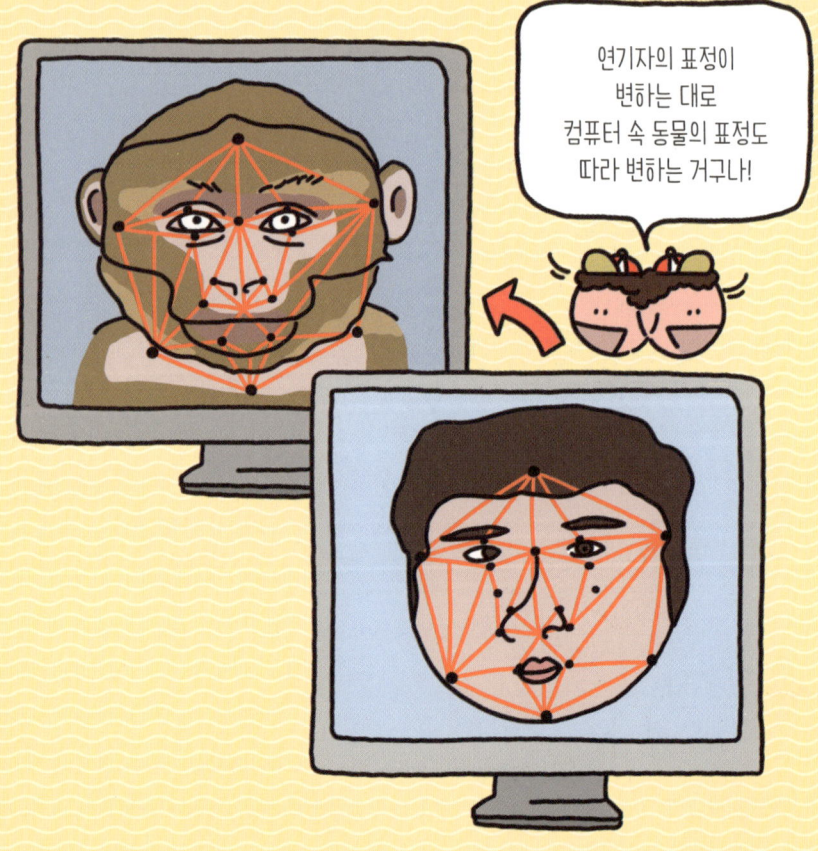

아주 복잡한 방정식을 이용하기도 해.
나비에-스토크스 방정식이라는 게 있어.
이 방정식은 물이나 공기처럼 움직이는 물체,
즉 유체의 움직임을 예측하는 방정식이야.
그런데 미국 캘리포니아 주립 대학교 수학과 교수가
나비에-스토크스 방정식과 비슷한 방정식을 만들어
흘러내리는 물과 휘몰아치는 눈보라를 구현해 냈어.

나비에-스토크스 방정식은 너무 어려워 해를 못 구하고 있어.
하지만 이 방정식의 근삿값을 이용해,
겨울 왕국과 남태평양의 바다를 만들어 냈지.

영화를 흔히 '종합 예술'이라고 해.
영화에는 음악, 미술, 문학, 연기 등
모든 예술 장르가 망라되어 있으니까.
영화는 갖가지 예술 장르를
'영상'에 담아 우리에게 보여 주지.
그리고 그 **영상을 잘 만들기 위해서는 수학이 꼭 필요**해. 수학이 영화라는 예술 작품을 완성하는 데 큰 역할을 하는 거야.

혹시 수학이 저라는 작품을 완성하는 데도 큰 역할을 할까요?

오! 멋진 질문인데!

교과 연계가 궁금해요

목차	파이쌤이 알려 주마!	교과 연계
1. 거인은 한 끼에 얼마나 먹을까?	길이와 부피, 그런 관계였어?	6학년 직육면체의 부피와 겉넓이
2. 우리 집 화장실 위에서 벌어지는 일	건축가가 수학을 이용하는 법	6학년 비례식과 비례배분
3. 네모난 차가 좋아?	디자인에도 수학이?	5학년 규칙과 대응 6학년 공간과 입체
4. 들쭉날쭉 실로폰	수학 만난 실로폰	6학년 비와 비율
5. 야구장에 갔다가	돔의 비결, 반구와 삼각형	6학년 원뿔, 원기둥, 구
6. 앞에서 보면 삼각형 옆에서 보면	화가와 수학자	2학년 여러 가지 도형 6학년 공간과 입체
7. 분수가 왜 여기서 나와?	분수와 음악	4학년 분수의 덧셈과 뺄셈 5학년 약분과 통분
8. 미술관 옆 카페에서	수학자와 화가의 공통점?	4학년 평면도형의 이동 5학년 합동과 대칭
9. 속삭이는 회랑	타원이 속삭여!	3학년 원 6학년 원뿔, 원기둥, 구
10. 영화에도 수학이?	영화의 수학적 비밀!	5학년 규칙과 대응 6학년 비례식과 비례배분

용어가 궁금해요

모듈 (22쪽)

모듈(module)은 복잡한 것을 잘게 나눈 조각 중, 독립적으로 쓰일 수 있고 다른 부분과 연결 가능한 단위야. 조립해서 큰 구조물을 만들 수 있는 레고 블록 하나하나가 모듈이고, 가구를 조립할 때 서랍, 다리, 상판 각각이 모듈이야. 컴퓨터 프로그래밍에서는 기능별로 만든 코드의 묶음을 모듈이라고 해. 수학에서도 모듈이라는 단어가 쓰이는데, '대수학'이라는 수학 분야에서 등장해.

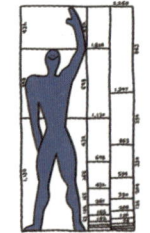

DIY (34쪽)

'Do It Yourself'의 약자로, 말 그대로 '스스로 해라'라는 뜻이야. 전문가나 업체에 맡기지 않고, 자신이 직접 물건을 만들거나 수리하는 활동을 말하지. 가구 조립 및 제작, 의류 리폼 등등 단순한 조립부터 창의적인 제작까지 폭이 넓은 활동이야. 취미, 자기 계발, 비용 절감, 환경 보호 등의 이유로, 많은 사람이 DIY를 하고 있어.

판테온 (45쪽)

'판테온' 하면 보통 이탈리아 로마의 판테온을 말해. 판테온은 '모든 신을 위한 신전'이라는 뜻이지. 이 건물은 원래 기원전 27년경 마르쿠스 아그리파가 건축했는데, 현재의 건물은 서기 125년경 하드리아누스 황제가 재건한 거야. 7세기부터는 기독교 성당으로 사용됐지. 세계에서 가장 오래된 돔 구조물 중 하나로, 중앙의 원형 구멍(오쿨루스)을 통해 들어오는 자연광이 장관이야.